세속적
휴머니즘이란
무엇인가?

세속적
휴머니즘이란
무엇인가?

Secular
HUMANISM

모든 인간적 가치에 대한 옹호

폴 커츠 지음 ＼ **이지열** 옮김

| 서구 휴머니스트의 계보 |

고 대

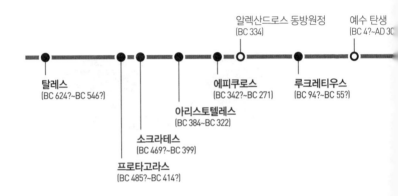

알렉산드로스 동방원정
(BC 334)

예수 탄생
(BC 4?~AD 3C

탈레스
(BC 624?~BC 546?)

에피쿠로스
(BC 342?~BC 271)

루크레티우스
(BC 94?~BC 55?)

아리스토텔레스
(BC 384~BC 322)

소크라테스
(BC 469?~BC 399)

프로타고라스
(BC 485?~BC 414?)

근 대

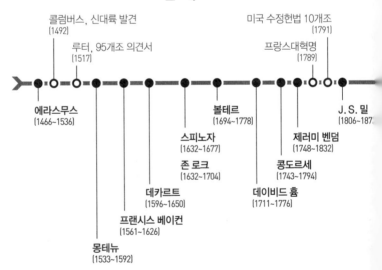

콜럼버스, 신대륙 발견
(1492)

루터, 95개조 의견서
(1517)

미국 수정헌법 10개조
(1791)

프랑스대혁명
(1789)

에라스무스
(1466~1536)

볼테르
(1694~1778)

J. S. 밀
(1806~187

스피노자
(1632~1677)

제러미 벤덤
(1748~1832)

존 로크
(1632~1704)

콩도르세
(1743~1794)

데카르트
(1596~1650)

데이비드 흄
(1711~1776)

프랜시스 베이컨
(1561~1626)

몽테뉴
(1533~1592)

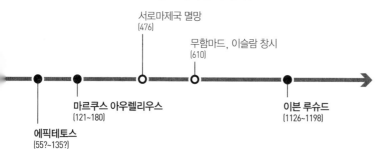

중 세 (암흑시대)

서로마제국 멸망
[476]

무함마드, 이슬람 창시
[610]

마르쿠스 아우렐리우스
[121~180]

이븐 루슈드
[1126~1198]

에픽테토스
[55?~135?]

현 대

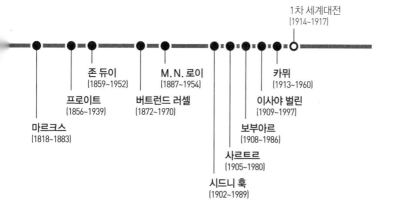

1차 세계대전
[1914~1917]

존 듀이
[1859~1952]

M. N. 로이
[1887~1954]

카뮈
[1913~1960]

프로이트
[1856~1939]

버트런드 러셀
[1872~1970]

이사야 벌린
[1909~1997]

마르크스
[1818~1883]

보부아르
[1908~1986]

사르트르
[1905~1980]

시드니 훅
[1902~1989]

일러두기

1. 본문의 강조(고딕체)는 지은이의 것이다.
2. 주석은 모두 옮긴이의 것이다.
3. 외국 인명의 경우 표준국어대사전의 표기를 따랐다.

| 서문 |

종교가 없는 사람도 인생을 살아가는 데 윤리적 가치나 원칙을 필요로 할까? 많은 사람들이 내세를 약속하는 종교를 저버리는 시대에, 인간의 삶은 어떤 의미를 가질까? 인생의 의의가 무엇일까? 세속적 휴머니즘은 이런 질문들에 대해 인간적 열망과 과학적 발견으로 충만한 방식으로 대답하려는 시도이다. 세속적 휴머니즘은 그 기원이 고대 세계로 거슬러 올라가며 근대를 거쳐 오늘날에 이르기까지 문명에 심원한 영향을 끼쳐온 과학적·철학적·윤리적 견해를 제공한다. 오늘날 많은 사상적 조류들이 대체로 휴머니즘의 사상과 가치에 동질감을 갖고 있다. 세속적(secular)이라는 말과 휴머니즘(humanism)이라는 말을 합침으로써, 우리는 세속적 휴머니즘과 다른 형태의 휴머니즘, 특히 종교적 휴머니즘을 구별할 수 있도록 그 의미와 초점을 좁힐 수 있을 것이다.

간단히 말해서, 세속적 휴머니즘은 실재[1])에 대한 초자연적인 설명을 거부한다. 대신에 세속적 휴머니즘은 자연주의적 세계 속에서 인생의 충만함을 최대화하고자 한다.[2]) 세속적 휴머니즘은 지금 바로 여기, 즉 현세에서 의미를 찾고 당면한 문제들을 해결하고, 미지의 변경을 정복할 수 있는 인간의 힘에 대한 자신감, 즉 탐험과 발견이라는 근대 세계의 테마를 표현하기 때문에 그것은 종종 모더니즘과 같은 뜻으로 여겨진다. 그러나 현대 세계에서 세속적 휴머니즘은 수많은 역사적 전통으로 구성되어 있으면서도, 오늘날 급격히

---

1) **실재**(實在 reality) '실제로 존재하는 것'을 총칭하는 말이다. 실재의 범위가 어디까지냐에 따라, 실재를 구성하는 요소들 중 무엇이 더 우선하느냐에 따라 철학 사조들이 주장하는 바가 달라진다. 예컨대 유물론은 물질만이 세계를 구성하며 정신이나 영혼은 실재가 아니라고 보며, 관념론은 그 반대로 관념만이 실재하거나 관념이 물질보다 우선한다고 본다.

2) **자연주의적 세계관** 자연만이 실재하며, 자연의 외부(초자연적 세계)나 비자연적 존재(신, 악마, 유령)는 존재하지 않는다고 보는 입장이다.

부상하는 글로벌 문명에 필요한 더 많은 내용들이 추가된 대담하고 새로운 패러다임이다.

세속적 휴머니즘의 역사

\

고전적 기원

세속적 휴머니즘의 유산은 공자 시대의 중국, 고대 인도의
순세파 유물론 운동[3), 고대 그리스 로마의 작가들, 예술가

---

3) **순세파**(順世派) 고대 인도의 철학자 아지타 케샤캄발린(Ajita Keśakambalin, ?~?)
은 세계가 물, 불, 흙, 바람으로만 이루어져 있다고 주장하여 정통 브라만 사
상에서 말하는 아트만(모든 사람이 죽으면 영혼이 합일되는 영적 총체이자 만물의 근
원)을 부정하였다. 이러한 유물론적 세계관은 존재하지 않는 내세를 추구하거
나 업보에 얽매일 것이 아니라 현세의 삶이 중요하며, 바로 지금 여기서 삶의
행복을 추구하라는 지침을 준다. 산스크리트어로 로카야타(lokāyata) 학파라
고 하며 이는 '세상에 순종하는 사람'이란 뜻이며, 한자로 순세파(順世派)라고
번역되었다.

들, 시인들로까지 거슬러 올라간다. 세속적 휴머니즘의 기원은 초기 그리스 철학 속에서 엿볼 수 있다. 특히 그리스 철학이 자연에 대한 이론적·철학적·과학적 관점을 전개한 노력, 합리성에 대한 강조, 그리고 인간의 힘을 발휘하고 인간의 품성을 완성하는 것을 통해 좋은 삶을 이룰 수 있다는 확신이 그러하다. 그리스 철학자 프로타고라스[4]는 "인간은 만물의 척도이다."라는 말 때문에 휴머니스트로서 단연 돋보인다. 그러나 휴머니스트의 계보는 호메로스식 신화[5]를 거부하고 이성적인 질문에 기초한 윤리를 추구했던 소크라테스와 플라톤뿐만 아니라, 전통적인 도덕을 비판하고 새로운 윤리적 표준을 찾으려고 했던 소피스트들과 같은 다른 그리스 철학자들에게서도 찾을 수 있다.

아리스토텔레스의 『니코마코스 윤리학』은 삶의 실천적인 지혜, 덕과 탁월함의 완성, 행복의 성취를 옹호함으로써 휴머니스트 윤리의 모범으로 받아들여진다. 로마 시대의 철학, 특히 에피쿠로스 학파(에피쿠로스와 루크레티우스)[6], 스토아 학파(에픽테토스와 마르쿠스 아우렐리우스)[7], 회의학파(카르네아데스, 피론, 섹스투스 엠피리쿠스)[8]도 휴머니즘의 가치를 이야기했다.

---

4) **프로타고라스**(Protagoras, BC 485?~414?) 고대 그리스에서 변론술을 중시하고 상대주의적 관점을 취한 소피스트 철학자의 대표 격이다.

5) **호메로스**(Homeros, BC 800?~750)의 두 서사시 『일리아스』와 『오디세이아』의 세계관, 즉 신들이 자연과 역사에 개입하고 관장한다는 생각이다.

6) **에피쿠로스 학파** 헬레니즘 시대 아테네의 철학자 에피쿠로스(Epicourus, BC 342?~271)가 창시한 학파로 쾌락을 최고선으로 규정한다. 그러나 여기서 쾌락이란 영혼의 평정 상태와 이를 통한 행복을 뜻하는 것으로 육체적 쾌락이나 일시적 쾌락과는 거리가 멀다. 루크레티우스(Lucretius, BC 94?~55?)는 로마의 철학자로 고대 원자론에 입각하여 자연 현상과 사회 제도를 합리적으로 설명하면서 거짓된 종교가 주는 위안에 기대지 말고 삶과 죽음의 현실을 담담하게 받아들이라고 주장했다.

7) **스토아 학파** 키프로스의 제논(Zenon, BC 335?~263?)이 창시한 학파로 에피쿠로스 학파와 함께 헬레니즘─로마 시대의 대표적 철학 사조이다. 이성을 중시하고 금욕과 평정의 삶을 살 것을 주장했다. 제논이 아테네 광장에 있던 공회당 회랑에서 사람들을 가르쳤다 하여 '스토아 학파'라는 이름이 붙었다. 그리스어로 '스토아'는 회랑을 뜻한다. 에픽테토스(Epiktētos, 55?~135?)는 노예 출신 철학자로 외적 조건이 아니라 내부로부터 얻는 인간의 자유와 평정을 강조했고 황제 철학자인 마르쿠스 아우렐리우스(Marcus Aurelius, 121~180)에게 지대한 영향을 끼쳤다.

8) **회의학파** 엘리스의 피론(Pyrrhon, BC 360?~270?)이 창시한 헬레니즘 시대의 학파로 인간의 인식이나 진위는 상대적이고 불가능하므로, 모든 사물과 의견에 대해 거리를 두고 회의적인 견해를 유지함으로써 무심한 마음의 평정 상태를 얻을 수 있다고 주장했다.

에피쿠로스 무지나 미신에서 벗어나 마음의 평정을 얻는 상태, 즉 아타락시아를 추구한 '행복'의 철학자이다.

세속적 휴머니즘이란 무엇인가?

이븐 루슈드 중세 이슬람 세계의 대학자로 아리스토텔레스 철학을 서구에 전하는 데 결정적인
역할을 했다.

세속적 휴머니즘의 역사

휴머니즘은 중세 암흑시대 동안 그 빛을 잃었다. 중세에는 신앙이 서구 문화를 지배했으며 인간은 자신의 바깥에서 구원의 신을 헛되이 바라보았다. 이슬람 철학자 이븐 루슈드[9]가 아리스토텔레스의 저작을 12세기에 재발견하고 번역한 것이 중세 시대에 유럽으로 전해지면서 휴머니즘은 다시 나타나기 시작했다.

근대 세속적 휴머니즘

휴머니즘이 문학과 철학 운동으로 번성하기 시작한 때는 14세기에 시작된 르네상스 시대였다. 또한 이 시기에는 성서로부터 고전 시대의 이교(異敎)적 덕으로 되돌아가고 도덕을 세속화하려는 노력이 있었다. 작가들은 좋은 삶과 행복은 가능하며, 현세의 쾌락을 비난할 것이 아니라 오히려 추구해야 한다고 강조했다. 지오노초 마네티, 마르실리오 피치노, 조반니 피코 델라 미란돌라[10]는 철학적 휴머니스트들이었다. 그들은 인간의 존엄성을 강조했고, 인간에게는 자유를 누릴 수 있는 능력이 있으며, 관용이 필요하다고 역설

세속적 휴머니즘이란 무엇인가?

했다. 네덜란드의 철학자 에라스무스[11]는 특히 종교적 관용을 옹호함으로써 대표적인 휴머니스트로 언급된다.

16세기와 17세기에 근대 과학이 등장하면서 세속적 휴머니즘은 괄목할 만한 형태로 제기되었다. 많은 사상가들이 이런 견해가 출현하는 데 일조했다. 예를 들어 몽테뉴[12]는 회의주의와 휴머니즘의 가치를 함께 주장했다. 중세와 근대 세계관의 가교 역할을 한 스피노자[13]는 윤리의 토대로 자유

---

9) **이븐 루슈드**(Ibn Rushd, 1126~1198) 스페인 코르도바 출신의 이슬람 철학자이자 의사로 서구에서는 아베로에스(Averroës)라는 라틴어 이름으로 알려졌다. 이슬람 세계에서 아리스토텔레스의 복권에 힘썼고, 그의 저작들은 서구 르네상스에 지대한 영향을 끼쳤다. 이븐 루슈드 당시 스페인은 이슬람 지배 아래에서 학문과 문화가 발달했다.

10) 이탈리아 르네상스의 대표적 휴머니즘 철학자들로 인간 중심적 사상을 정립했다.

11) **데시데리우스 에라스무스**(Desiderius Erasmus, 1466?~1536) 알프스 이북 르네상스의 대표적 철학자로 기독교 휴머니즘의 거두. 유럽 전역에서 학문적 명성을 떨친 에라스무스는 『우신예찬』 등에서 가톨릭교회의 부패와 타락을 고발하여 종교개혁에 많은 영향을 미쳤으나 종교개혁이 맹렬한 광신과 정치적 운동으로 변모하자 이를 비판하고 가톨릭과 프로테스탄트 양쪽으로부터 일정한 거리를 두었다. 이성, 평화, 관용의 에라스무스 정신은 근대 자유주의 전통의 주춧돌이 되었다.

에라스무스 종교적 광기에 맞서 관용과 인류애를 주장한 진정한 유럽인이자 세계인이었다.

세속적 휴머니즘이란 무엇인가?

로운 사상을 옹호하고 성서적 계시를 거부하여 새로운 자연
과학을 위한 길을 열었고, 신을 자연과 등치시킴으로써 종
교를 무력화하였다.

근대 세속적 휴머니즘의 첫 번째 주요한 항거는 교회 권
력과 정치 권력의 검열에 대항하여 사상의 자유를 옹호하는

---

12) **미셸 드 몽테뉴**(Michel de Montaigne, 1533~1592) 프랑스의 르네상스 철학자로
16세기 후반 종교적 내전에 휩싸인 프랑스에서 종교적 관용을 지지하고 인
간 중심의 도덕을 주창하여 프랑스 모럴리스트 전통을 구축했다. 국왕 앙리
3세와 4세를 보좌했으며 보르도의 시장으로 집무하기도 했다. 그는 『수상록』
에서 회의적인 정신으로 독단을 피하고 모든 것에 대해 비판을 게을리하지
않으며, 자기 내면을 들여다보고 거짓 없는 인간의 모습을 발견하고자 했다.

13) **베네딕트 데 스피노자**(Benedict de Spinoza, 1632~1677) 네덜란드의 철학자. 최
초의 근대 철학자인 르네 데카르트(René Descartes, 1596~1650)는 세계를 정신
과 물질로 분리하여 파악했다. 그러나 데카르트 철학은 '서로 다른 원리를
가진 두 실체(신과 자연, 마음과 육체)가 어떻게 서로 영향을 주고받으며 세계
의 변화와 운동을 만들어 내는가?'라는 문제를 설명하는 데 난점을 갖고 있
었다. 스피노자는 데카르트 철학에 도전해 세계는 '자연'이라는 하나의 실체
라고 주장하여 일원론적인 설명을 제시했다. 즉 스피노자에게 자연은 신의
창조물이 아니라 유일하고 무한한 실체이며, 그 스스로 다양하고 무한한 모
습으로 전개하는 완전한 존재이다. 자연 그 자체가 자신의 법칙을 가지고 있
다는 스피노자의 사상은 신이 차지하던 영역을 자연이 대체하도록 하고 신
의 지위를 불필요한 것으로 만들어버려 중세적 세계관에서 근대의 과학적
세계관으로 가는 가교 역할을 하였다.

것이었다. 이 때문에 부분적으로 세속적 휴머니즘과 사상의 자유는 현대 세계에서 거의 동일시되고 있다. 전통적인 우주관에 도전했다는 이유로 화형을 당한 조르다노 브루노[14]와 모욕당하고 가택 연금을 선고받은 갈릴레오 갈릴레이의 운명은 자유를 향한 휴머니스트의 요구의 중심에 있다.

과학적 방법의 발전과 자연에 대한 과학의 적용은 휴머니즘 사상에 지적으로 결정적인 영향을 미쳤다. 휴머니스트들은 이성을 사용하거나(르네 데카르트), 경험을 이용하여(프랜시스 베이컨, 존 로크, 데이비드 흄)[15] 자연 현상을 설명하고 인과 법칙을 발견하려 했다. 이는 종교적 계시와 전통의 권위가 지식의 토대로서 정당성을 갖지 못한다는 것을 의미했다.

과학혁명은 물리학, 천문학, 자연철학[16]의 인상적인 발전과 함께 시작되었다. 계몽주의 시대 혹은 이성의 시대는 이성과 과학의 방법을 사회와 인간에 관한 탐구로 확장하려는 휴머니스트들의 노력에 대한 증거이다. 18세기와 19세기에 이성, 과학, 교육이 확산되면서, 인류가 미신에서 해방될 수 있으며 더 나은 세상을 만들 수 있다는 자신감이 광범위하

세속적 휴머니즘이란 무엇인가?

게 퍼졌다. 콩도르세[17)]와 같은 사상가들은 인류를 위한 진

---

14) **조르다노 브루노**(Giordano Bruno, 1548~1600) 이탈리아의 철학자로 우주는 무
한하고 태양은 그중 하나의 별에 불과하다는 주장을 펼쳤다. 브루노는 실제
로 마술적 세계관을 가진 이교도로 과학혁명이나 지동설과는 거리가 먼 사람
이었지만 가톨릭 종교재판에서 화형을 당함으로써 근대 초 억압적인 교회 권
력을 상징하는 인물이 되었다.

15) 17세기 서양철학에서 지식의 획득에 관한 입장은 크게 대륙의 합리론과 영
국의 경험론으로 구분된다. 합리론 전통에 있는 **데카르트**는 인간은 태어나면
서부터 마음속에 이성적 능력과 어떤 관념들을 갖는다고 생각했다. 감각의
도움 없이도 명징하게 떠오르는 이러한 관념을 본유관념이라고 한다. 반면
존 로크(John Locke, 1632~1704)와 같은 영국의 경험론자들은 갓 태어난 인간
은 백지 상태와 같아서 감각과 경험을 통해서만 지식과 관념을 얻을 수 있
다고 주장했다. **프랜시스 베이컨**(Francis Bacon, 1561~1626)은 반복된 관찰을
통한 자연 법칙의 발견이라는 귀납법을 제창하여 근대 과학의 방법론적 토
대를 쌓았고, **데이비드 흄**(David Hume, 1711~1776)은 경험론 전통을 극단적으
로 밀어붙여 인과 법칙마저도 결국 시공간적 경험의 연속일 뿐 어떤 필연도
내포하고 있지 않는 허상이라며 파괴해버렸다.

16) **자연철학** 자연에 관한 철학적 해석으로 고대 그리스의 탈레스(Thales, BC
624?~546?)나 헤라클레이토스(Heracleitos, BC 540?~480?) 등 소크라테스 이전
철학자들에서 그 뿌리를 두고 있다. 여기서는 프랜시스 베이컨이 『신기관』에
서 제기한 자연에 대한 과학적 연구 방법론과 세계관을 의미한다.

17) **콩도르세**(Marquis de Condorcet, 1743~1794) 프랑스의 철학자이자 수학자. 프
랑스 혁명기에 국민공회에서 활동했으나 지롱드파 실각 이후 체포되어 감옥
에서 사망했다. 그는 정치적 동지들이 처형당하고 자신도 반란 혐의로 사형
이 언도된 바로 그 시기에 『인간 정신의 진보에 관한 역사적 개요』를 집필했
다. 이성을 통해 인간의 역사는 무한히 진보할 수 있다는 내용의 이 책은 계
몽주의 이념의 걸작으로 꼽힌다.

❶**데카르트** "나는 생각한다 그러므로 존재한다."는 유명한 말로 대표되는 철학자로 서양 근대 철학의 출발점을 확립했다.

❷**존 로크** 영국 경험론의 시조이자 사회 계약론의 거두로 근대 정치철학에 지대한 영향을 끼쳤다.

세속적 휴머니즘이란 무엇인가?

보적인 계획을 발표했다. 이신론(理神論)자들은 교권주의[18]를 비판하고, 성서적 계시에 호소하는 것을 거부하며, 자연과 이성의 종교를 발전시키려 했다. 볼테르, 디드로, 돌바흐가 대표적인 사람들이다.[19] 또한 근대 민주주의 혁명들은 '자유, 평등, 우애'를 선언했고, '생명, 자유, 행복 추구'의 도래를 알렸다. 휴머니스트들은 압제적 정부나 교회에 대항해 자유의 이상을 방어했고, 반대 의견에 대한 관용을 주장했으며, 양심과 반대 의사의 자유를 옹호했다. 19세기에 제러미 벤덤, 제임스 밀, 존 스튜어트 밀과 같은 공리주의자[20]

---

18) **교권주의**(教權主義 Clericalism) 교황을 정점으로 하는 가톨릭교회의 성직자들의 권위를 강조하는 입장. 성서의 해석에 대한 정통성은 유일한 보편 교회로부터만 나오며, 성직자들은 신과 평신도를 잇는 매개자의 역할을 한다고 본다. 성직주의(聖職主義)라고도 한다.

19) **이신론**(理神論 deism) 신이 세계를 창조했으나 개입하지는 않는다는 입장. 즉 우주는 자체적인 물리 법칙에 의해 작동되며, 신은 단지 관조할 뿐 기적이나 계시 등으로 우주에 관여하지 않는다. 18세기 이성의 시대에 유럽에 유행했던 신(神)관이다. 볼테르, 드니 디드로, 돌바흐는 프랑스 계몽주의 철학자들로 『백과사전』 편찬을 주도했다 하여 '백과사전파'로 불리기도 한다.

20) **공리주의**(Utilitarianism) 선과 악을 나누는 기준으로 쾌락을 제시한 행복의 윤리학. 쾌락을 늘이고 고통을 줄이는 것이 옳은 것이라는 공리주의의 목표는 '최대 다수의 최대 행복'이라는 벤덤의 말에 집약되어 있으며 현대 사회의 법과 제도에 커다란 영향을 끼쳤다.

들은 이러한 사상적 조류를 이어갔으며, 공공선에 미치는 영향에 의거하여 법률의 정당성을 판단했다.

세속주의

휴머니즘이 성장함에 따라 세속주의 사상도 함께 발전했다. 오늘날 우리는 삶이 광범위하게 세속화된 세계에 살고 있다. 첫째, 이것은 도덕이 종교적 권위로부터 자유롭다는 것을 의미한다. 이성, 자유, 행복, 그리고 사회적 정의의 가치와 이상은 신앙, 소망, 자비의 미덕(그리고 과장된 죄의식)을 대체할 것이다. 둘째, 세속화는 다양한 사회 제도들, 특히 국가, 학교, 경제에 대한 교회의 통제를 제한하려는 노력을 의미한다. 국교에 대한 두려움[21]은 국가와 종교는 분리되어야 한다는 원칙을 이끌어냈고, 정교분리의 원칙은 미국 수정헌법 제1조[22]에 새겨졌다. 그것은 정부의 권위가 신이 아니라 '인민, 즉 우리 자신(We the People)'으로부터 나온다는 것을 의미한다. 토머스 제퍼슨, 토머스 페인, 벤저민 프랭클린, 제임스 매디슨, 그리고 미국 독립 혁명의 다른 지도자들

세속적 휴머니즘이란 무엇인가?

은 세속주의와 휴머니즘에 깊은 영향을 받았다.

오늘날의 세속적 휴머니즘

19세기와 20세기에 점점 더 많은 사상가들(칼 마르크스, 지그문트 프로이트, 알베르 카뮈, 버트런드 러셀, 존 듀이, 조지 산타야나[23], 알프레드 J. 에이어[24], 시드니 훅[25])과 운동(마르크스주의, 실존주의, 실용주의, 자연주의, 실증주의, 행동주의[26], 자유의지론 등등)이 자신이 휴머니스트라고 주장했다. 특히 20세기에는 종교적 형태의 휴머니즘도 번성했다.

---

21) 정부가 시민의 종교를 정한다는 것은 국교가 아닌 다른 종교에 대한 박해를 의미한다.

22) **수정헌법 제1조** "미합중국 의회는 특정 종교를 옹호하거나 자유로운 종교 행위를 금지하거나, 언론 또는 출판의 자유를 제한하거나 또는 조용히 집회하고 피해를 구제받기 위하여 정부에 청원하는 인민의 권리를 침해하는 법률을 제정할 수 없다."

23) **조지 산타야나**(George Santayana, 1863~1952) 스페인 태생의 미국 철학자. 객관적 실재는 존재하지만 우리가 지각하는 경험이 실재를 그대로 반영하지는 않는다는 비판적 실재론을 주창했다.

휴머니즘이라는 용어는 너무 고귀한 것으로 여겨져서 노골적으로 그것을 거부하는 사상가들은 극소수였다. 그래서 가톨릭 철학자 자크 마리탱[27]은 지상에서의 인간 조건을 개선하기 위한 관심을 '기독교 휴머니즘'이라고 불렀으며, 기독교 휴머니즘이야말로 진정한 휴머니즘이라고 주장했다. 자유주의적인 유니테리언 유니버설리즘 종파[28] 역시 이런 칭호에 잘 어울린다. 종교적 휴머니스트들은 '종교'와 소위 경험의 '종교적' 성격을 구분했고, 후사를 강조하는 것을 선택한다. 그들은 '신'을 독립적으로 존재하는 실체로 보지 않고 지고한 이상의 인간적 표현(존 듀이)이거나 우리의 '궁극적인 관심'의 표현(폴 틸리히[29])이라고 보았다. 종교를 재정의를 하려는 그러한 시도들은 일반적으로 비신론적[30]이다.

현대 사회에서 비판자들과 옹호자들 모두 세속적 휴머니즘을 어떠한 종교적 정식화와도 분명하게 구별되는 것으로 지목해왔다. 미국에서 종교적 근본주의자들은 세속적 휴머니즘이 경쟁 '종교'라고 주장하면서 이에 대항하는 캠페인을 벌여왔으며, 미국인들의 공적 삶에서 세속적 휴머니즘을 뿌리 뽑으려고 한다. 세속적 휴머니즘은 공공연히 비종교적이

세속적 휴머니즘이란 무엇인가?

다. 세속적 휴머니즘은 그것의 기본 원칙과 윤리적 가치를
과학, 윤리학, 철학에서 이끌어내는 선한 실천적 지혜[31]이다.

---

24) **알프레드 에이어**(Alfred J. Ayer, 1910~1989) 영국의 논리실증주의 철학자. '어떤
명제가 유의미하다는 것은 그 명제가 분석적으로 참이거나 경험에 의해 검
증가능하다는 것'이라고 주장했다. 즉 유의미한 명제는 분석이나 경험에 의
해 참과 거짓으로 구분될 수 있는 명제이고 그렇지 못한 명제는 무의미한 명
제(예를 들어 형이상학)이므로 사이비 철학인 것이다.

25) **시드니 훅**(Sydney Hook, 1902~1989) 미국의 실용주의 철학자. 존 듀이의 계승
자로 진보주의 교육을 주창했으며, 민주주의를 옹호하며 파시즘과 공산주의
모두를 거부했다.

26) **행동주의**(behaviorism) 인간의 마음이 아니라 외적으로 드러나고 객관적으로
측정할 수 있는 행동을 심리학의 연구 대상으로 삼아야 한다는 입장.

27) **자크 마리탱**(Jacques Maritain, 1882~1973) 프랑스의 가톨릭 철학자. 토마스 아
퀴나스를 현대적으로 재조명했다.

28) **유니테리언 유니버설리즘**(Unitarian Universalism) 주류 기독교의 삼위일체설과는
달리 예수의 신성을 부정하고 하느님의 신성만을 인정하며, 구원은 개인에
게만 한정되지 않고 종국에는 전 인류가 구원된다고 믿는 기독교 종파. '일
신론적 보편구원론'이라고도 한다.

29) **폴 틸리히**(Paul Johannes Tillich, 1886~1965) 독일의 신학자. 나치의 박해로 미
국으로 이주했다.

30) **비신론**(非神論 non-theism) 무신론이 신의 존재를 부정하는 강한 주장임에 반
해 비신론은 애초에 신이라는 존재를 설정하지 않는 것이다. 예컨대 불교는
종교이지만 비신론적이다.

사르트르와 보부아르 1960년 쿠바에서 체 게바라를 만나는 사르트르와 보부아르. 좌파 지식
인인 사르트르는 체 게바라를 '20세기 가장 완전한 인간'이라고 평했다.

세속적 휴머니즘이란 무엇인가?

20세기 후반에 교황 요한 바오로 2세는 수많은 휴머니즘적 가치를 담고 있던 2차 바티칸 공의회[32]의 개혁주의 의제를 포기했다. 21세기에 들어서 교황 베네딕토 16세는 '세속주의'와 '상대주의'를 순전히 주관적이라고 여겨 거부했다. 이슬람교 역시 이슬람법(샤리아)이 코란에 뿌리를 두고 있다고 고집하면서 마찬가지로 세속주의를 격렬하게 반대해 왔다. 이슬람 극단주의자들은 민주주의보다 신정 정치를 방어하고, 세속적 관점과 양심의 자유를 지지하는 사람들에 대해 성전(지하드)을 감행하겠다고 위협한다.

하이데거 이후 많은 프랑스 포스트모더니즘 철학자들은 과학이 객관적일 수 있다거나 과학과 기술이 해방을 위한 철

---

31) **선한 실천적 지혜**(eupraxophy) 폴 커츠가 만든 신조어로 초월적 존재에 대한 믿음에 기대지 않는 세속적이고 실천적인 철학이나 윤리, 삶의 태도를 의미한다. 그리스어의 '좋은eu' '실천적인praxis' '지혜sophia'를 연결하여 만들었다.

32) **2차 바티칸 공의회**(1962~1965년) 요한 23세가 소집한 공의회로 변화된 세계에 발맞춰 가톨릭교회가 가야할 바를 논의한 역대 최대 규모의 공의회였다. 타 종교에 대한 포용적 자세와 교회의 사회적 책임을 강조했으며, 라틴어가 아닌 각국의 언어로 미사를 올리는 등 교회 내 전통의 변화도 추구했다.

학과 이데올로기의 기초를 제공할 수 있다는 생각을 거부하면서 휴머니즘도 함께 거부했다. 그러나 또 다른 프랑스 철학자들은 이와 반대되는 입장을 고수했다. 장 폴 사르트르는 실존주의는 휴머니즘이라고 말했으며, 시몬느 드 보부아르는 여성 해방에 대한 옹호는 휴머니즘 원칙에 굳건히 뿌리내리고 있다는 이론을 주장했다. 현대 세속적 휴머니스트들은 포스트모더니즘에 대해 대단히 비판적인 입장을 취해 왔다. 포스트모더니즘은 모더니즘을 거부하고, 인류의 앞날에 대해 비관적이고 허무주의적인 태도를 갖고 있기 때문이다.

세속적 휴머니즘이란 무엇인가?

새로운 패러다임

Secular
HUMANISM

＼

과학적 연구 방법

자연주의적 우주관

비신론

휴머니스트 윤리

사회·정치적 관점: 민주적 휴머니즘

지구적 휴머니즘과 새로운 패러다임

세속적 휴머니즘은 문명 세계에서 핵심적이라 할 수 있는
몇몇 지적·윤리적 조류를 포괄적으로 통합해준다. 세속적
휴머니즘의 이러한 새로운 패러다임은 자유 사상과 합리주
의, 무신론, 불가지론, 회의주의, 비신앙적 태도로부터 나왔
다. 그러나 새로운 패러다임은 이러한 역사적인 조류들을
넘어서 새로운 전망을 만드는 데로 나아간다. 또한 그것은
사회의 불가침 성역을 비판하기 때문에 종종 부정적인 것으
로 취급되기도 한다. 그러나 세속적 휴머니즘은 사실 인류
문화를 위한 중대한 실용적인 함의를 갖는 긍정적인 윤리적
메시지를 전달한다. 그것은 군림하는 정통들(orthodoxies)에

대한 긍정적인 대안을 표상한다.

세속적 휴머니즘의 새로운 패러다임은 다음의 여섯 가지 중요한 성격을 갖는다.

1. 과학적 연구 방법이다.
2. 자연주의적 우주관을 제공한다.
3. 비신론이다.
4. 휴머니스트 윤리를 약속한다.
5. 민주주의적 전망을 제공한다.
6. 그 범위에 있어 전 지구적이다.

자유 사상이나 합리주의 경향의 많은 동맹 사상들이 위의 특성들 모두는 아니더라도 하나 혹은 그 이상을 수용할 것이라는 점은 지적해야겠다. 어떤 사람들은 세속적 휴머니즘이 무신론과 동일하다고 잘못 생각하기도 한다. 어떤 사람들은 방법론적 자연주의와 같은 것이라 보기도 하고, 또 다른 사람들은 휴머니스트 윤리와 동일시할 수도 있을 것이다. 그러나 세속적 휴머니즘은 이런 개별 관점들보다

세속적 휴머니즘이란 무엇인가?

더 많은 것들이 망라된 과학적·철학적 종합이기 때문에 훨씬 포괄적이다. 이는 때때로 '자연주의적 휴머니즘'이라고 불린다. 궁극적으로 세속적 휴머니즘은 최소한 모더니즘 의제들의 완전한 이행을 주장한다. 이를 위해 필요한 것은 포스트모더니즘 시대 이후의 새로운 계몽주의(post-postmodernist New Enlightenment)이다.[33]

과학적 연구 방법

세속적 휴머니즘은 진리(혹은 진리라는 주장)를 시험하기 위해 과학의 방법에 의지한다. 방법론적 자연주의[34]라고 알려진 이것은 근대 과학의 주춧돌이다. 이는 보통 가설-연역

---

33) 포스트모더니즘이 탈근대의 기획이라면, 새로운 계몽주의는 미완의 근대를 완성하는 기획이다.

34) **방법론적 자연주의** 존재하거나 발생하는 모든 현상이나 사물은 경험에 입각하여 탐구하고 설명할 수 있다는 주장.

35) **가설-연역적 방법** 오늘날 과학 연구의 대표적인 방법론으로, 일반적 차원에서 가설을 세운 후, 그 가설로부터 연역된 명제를 실험이나 경험으로 검증하여 가설의 참/거짓을 따지는 방법.

적 방법[35]으로 알려져 있다. 여기서 가설은 실험으로 검증 되어야 하고, 예측력이 있어야 하며, 이론들에 통합되어야 한다. 또한, 설명력과 수학적 우아함으로 타당성이 입증되어야 한다. 가설의 토대는 그것을 뒷받침하는 증거와 근거를 시험해보고자 하는 모든 사람들에게 열려 있다. 그것은 독립적인 연구들에 의해 객관적으로 입증될 수 있다. 이런 해석에 따르면, 과학적 방법은 한정된 밀교 집단만이 알 수 있는 신비한 기예가 결코 아니다. 연구 규칙이 고성되어 있는 것도 아니다. 오히려 그것은 평범한 상식이나 비판적인 지성과 연관되어 있으며, 삶의 다른 영역에서 성공적이었던 연구 방법도 제한적으로 사용한다.

모든 인간 지식은 틀릴 수 있으며, 궁극적 진리나 절대적 진리라고 일컬어지는 모든 주장들은 의심되어야 한다. 모든 가설은 잠정적인 것으로 취급되어야 한다. 왜냐하면 잘 확립된 원리라고 할지라도 나중에 새로운 증거와 더 포괄적인 설명이 나타나면 수정될 수 있기 때문이다. 그러므로 과학적 방법은 어느 정도는 회의주의를 내포한다. 그러나 이 회의주의는 지식의 어떤 유의미한 가능성도 부인하는 그런 부정적인 의미가 아니다. 그와는 반대로, 휴머니스트들은 우리가 과학적 탐구를 통해 신뢰할 만한 지식의 유의미한 본체에 도달할 수 있다고 믿으며, 과학과 기술을 주의 깊게 적용하면 인간의 조건을 개선할 수 있다고 믿는다. 세속적 휴머니스트들은 과학적 방법을 인간 행위의 모든 분야에 확장시키고자 한다는 점에서 과학 연구를 막기 위해 끊임없이 노력해온 보수주의자들과 종종 선명한 대조를 이룬다.

세속적 휴머니즘은 예술, 도덕, 시(詩) 그리고 감정 등 인간 경험의 폭넓은 지평을 아우른다. 진실로 휴머니즘은 과학 못지않게 예술에 의해서도 고무된다. 그러나 그것은 사적인 직관이나 신비주의적이고 주관적인 호소에 의해서만 타당성을 가지는 그 어떠한 신념도 주장하기를 꺼려한다. 오히려 타당성은 상호주관적인 확증을 통해서만 확보될 수 있다. 만약 상호주관적인 확증이 어렵다면, 입증이나 반증을 위한 결정적인 증거를 모을 수 있을 때까지 가설에 대한 판단을 보류하는 것이 합당한 태도가 될 것이다. 칼 포퍼의 반증가능성 원리("이론은 그것이 반증가능한 조건이 있을 때만 과학적 이론으로 인정된다."[36])는 검증될 수 없는 주장들, 특히 초

|
칼 포퍼 20세기 가장 영향력 있는 과학철학자로 귀납의 문제를 해결하는 데 있어 반증주의를
제시했다.

　　　　　　　　　　　　　　세속적 휴머니즘이란 무엇인가?

자연적이거나 종교적 분야의 주장들에 맞설 때 사용되어 왔다. 비록 어떤 사람들은 (과학과 비과학 사이의-옮긴이) 그러한 구획선이 그토록 쉽게 그어질 수 있다는 것을 부정하기도 하지만 말이다.

자연주의적 우주관

자연주의자들은 세계(universe)를 인간 이성으로 이해할 수 있으며 자연적인 원인으로 설명할 수 있다고 주장한다. 이러한 입장을 과학적 **자연주의**라고 할 수 있을 것이다. 자연주의는 근대 세속적 휴머니즘에 깊은 영향을 끼쳐 왔다. 그것

---

36) **반증가능성 원리** 과학철학에서 귀납의 문제를 해결하기 위해 포퍼가 도입한 과학 연구 방법. 귀납의 문제란 아무리 많은 검증 사례가 있어도 그것이 이론의 참을 보증해주지 못하며, 공평무사한 관찰로부터 이론을 끌어낼 수 있다는 귀납주의자들의 전제는 사실이 아니라는 것이다. 이에 포퍼는 귀납을 거부하고 반증가능성의 원리를 제시한다. 반증가능성의 원리는 가설-연역적 방법으로 그 이론이 금지하는 사태를 명시하고 그러한 사태가 일어났을 경우 이론이 틀린 것으로 판명하는 방법이다. 따라서 포퍼에게 과학이란 진리가 아니라 죽은 지식의 무덤이다. 포퍼는 반증가능성을 과학과 비과학을 구분하는 중요한 '구획' 기준으로 삼았다. 즉 반증할 수 없는 이론은 과학이 아닌 것이다.

은 자연을 이해하기 위해 과학에 주목한다. 오늘날 과학이 우리에게 말해주는 것은 무엇인가? 과학은 세계를 설명할 때, 물리화학적 과정, 질량과 에너지, 그리고 자연과학이 밝혀낸 그것들 간의 상호작용과 규칙성이 가장 중요하다고 말한다. 그러나 자연은 물질적인 구성 요소들만으로 단순히 환원될 수는 없을 것이다. 물질이 조직되고 작용하는 다양한 창발 현상[37]의 차원을 다루어야만 완전한 설명이 될 것이다. 다양한 관찰의 맥락에 따라 다양한 설명들이 나올 것이다. 우리는 지구나 태양계 또는 천문학으로 밝혀낸 우주의 팽창(또는 다중 우주[38])과 같은 거시적 차원에서 접근할 수도 있고, 물리학과 화학에서 다루는 아원자 입자나 생물학에서 탐구하는 생물권의 유기물과 같은 미시적 차원에서 접근할 수도 있을 것이다. 이런 관점은 종종 '체계 이론[39]'으로 알려져 있다.

19세기 찰스 다윈 이래로, 진화론적 개념은 우리가 자연을 이해하는 데 있어 중심이 되었다. 진화론은 종의 변화를 돌연변이, 차등 번식[40], 적응, 자연선택, 그리고 그 밖의 다른 자연적 원인과 같은 용어로 설명하고자 한다. 이를 '진화

세속적 휴머니즘이란 무엇인가?

론적 자연주의'라고 부르는 것도 무리가 아닐 것이다. 이와 같이 인간 행위는 생물학, 유전학, 심리학, 인류학, 사회학, 경제학 그리고 여타 행동과학 등 수많은 과학을 통해 이해 된다. 역사학은 사회 제도와 인류 문화의 작용을 해석하는 데 도움을 준다. 그러므로 '실재에 관한' 그 어떤 이론도 검 증된 가설과 과학적 연구에 근거한 이론으로부터 나오는 것 이지, 시나 문학 또는 신학적 서술로부터 (물론 이런 것들이 흥

---

37) **창발 현상**(emergence) 하위 차원/구성 요소에 없는 특성이 상위 차원/전체 구 조에서 돌연히 출현하는 현상. 새롭게 나타난 것이 낮은 차원에서 그 이전에 존재하던 것과 다르고 낮은 차원의 성질로부터 새로 나타난 것을 예견할 수 없는 현상을 말한다. 즉 미시적인 부분의 특성만으로는 전체에서 나타나는 현상을 설명할 수 없으며, 미시적인 부분을 단순히 합한다고 하더라도 전체 를 설명할 수 없다.

38) **다중 우주**(multiverses) 우주가 여러 조건에 의해 갈래가 나뉘어, 서로 다른 일 이 일어나는 우주가 동시에 진행되고 있다는 현대 물리학 이론이다.

39) **체계 이론**(system theory) 체계 이론은 체계의 일반적인 원리를 다루는 학문으 로 오스트리아의 생물학자 베르탈란피(Ludwig von Bertalanffy, 1901~1972)가 주창하여 각 분야의 학제 간 연구에 적용되고 있다. 체계란 '상호작용하는 요소들의 집합체'를 말하는데, 대부분의 체계는 그보다 작은 하위 체계를 두 고 있으며 그보다 큰 상위 체계의 한 부분으로 존재하면서 다른 체계들과 상 호작용한다.

40) **차등 번식**(differential reproduction) 환경에 잘 적응하도록 도와주는 형질을 지 닌 개체가 보다 많이 살아남는 현상을 말한다.

❶**다중 우주** 우리가 알고 있는 우주 외에도 다른 우주들이 존재할까?

❷**찰스 다윈** 자연선택에 입각한 진화론을 주창하여 현대 지성사에 지대한 영향을 끼쳤다.

미로울 수는 있겠지만) 나오지는 않는다.

자연주의자들은 할 수만 있다면 여러 과학들을 가로지르는 학제 간 통합과 일반화를 발전시킬 필요가 있다고 믿는다. 여기에서 전도(conduction)[41]라는 개념을 적절히 적용할 수 있을 것이다. 이것은, 귀납(induction)이나 연역(deduction)과 대조적으로, 포괄적인 우주관을 발전시키기 위해 '과학의 분과를 가로지르는 설명을 전달한다(conduce)'는 의미이다. 에드워드 윌슨[42]은 19세기 과학철학자 윌리엄 휴얼[43]에게서 빌려온 '통섭'이라는 용어를 사용했다. 세속적 휴머니스트들은 말하자면 어떤 경우에도, 수많은 과학 분야들을 총망라하는 '종합적 관점(synoptic perspective)'을 발전시키고자 전력을 다한다. 세속적 휴머니스트들은 우주에 대해, 그

41) **전도**(conduction) 학제와 체계를 수평·수직으로 통합하는 새로운 연구 방법론을 '전도'라는 개념으로 제안하고 있다.

42) **에드워드 윌슨**(Edward. O. Wilson, 1929~) 하버드대학교 생물학 교수이며 세계적으로 알려진 개미 학자.

43) **윌리엄 휴얼**(William Whewell, 1794~1866) 19세기 영국의 자연철학자. '통섭(consilience)', '과학자(scientist)'라는 말을 처음으로 사용한 사람이다. 휴얼 이전에는 과학자를 자연철학자라고 불렀다.

리고 우주에서 인류의 위치에 대해 과학이 말해주는 것을 공중(公衆)에 전하는 것이 매우 중요하다고 믿는다.

이러한 자연주의 일반 이론은 유물론적 환원주의를 피한다. 왜냐하면 자연주의 일반 이론이 볼 때, 창발 현상들은 낮은 차원의 현상이라는 말로 단순히 설명될 수 없는 복잡성의 연속한 차원들에서 나타나고, 현상들의 이러한 중첩적인 체계 자체가 자연 현상을 구성하며, 그렇게 구성된 자연 현상은 그 차원에 맞는 새로운 가설과 이론을 요구한다는 '체계 이론적' 통찰을 포함하기 때문이다. 이러한 과정의 생생한 실례가 갈라파고스 섬에서 다윈이 발견한 무수히 많은 새로운 종들의 출현이다. 이러한 설명 방식은 더 높은 층위의 설명을 가지고 환원적 설명을 보충하고, 영적이고 신비주의적인 설명이 끼어들 여지를 만들지 않기 때문에 자연주의적 세계관을 위협하지 않는다. 또한 이러한 통찰은 생물권의 그 모든 다원성, 다양성, 풍부함에 대해 책임을 다하려는 세속적 휴머니즘의 역할을 뒷받침한다. 그러면서도 그것은 인류 문화에 과학과 사회 제도, 도덕적 정의, 그리고 예술이 들어설 여지를 남긴다. 그것은 또한 복잡한 심리학적 행위에 대한 합목적적 설명으로서 인간의 의도를 이끌어내는 것을 허용한다. 이러한 접근법은 통섭과 체계 이론을 모두 포괄한다. 이 해석에 따르면, '전도'는 통섭처럼 단순히 학제 간 경계를 '수평적'으로 가로지를 뿐만 아니라 미시적 차원에서 거시적 차원까지 현상이 일어나는 층위를 '수직적'으로 망라한다. 따라서 그것은 학제간적이면서 체계간적이다.

이러한 우주에 대한 자연주의적 관점은 초자연적인 영역, 구원의 교리, 영혼의 불멸성, 그리고 과학적 자연주의에서는 거부하는 모든 개념들을 상정하는 전통적인 신학적 관점과 경쟁한다.

비신론

세속적 휴머니스트들은 자연을 두 영역(자연과 초자연)으로 나누려는 모든 시도에 대해 의심스러워한다. 그들은 '전지전능하고 자애로운 신'이라는 신의 고전적 정의를 이해할 수 없으며, 신이 존재한다는 주장에 제시된 증거들이 결정적이지 못하고, 악과 신성한 정의를 조화시키는 문제가 해결되지 않는다고 본다. 제1원인이나 부동의 동자[44]와 같은 논변은 엉터리이다. 왜냐하면 우리는 언제나 '(만물의 원인이 신이라면-옮긴이) 신의 원인이 되는 것은 무엇인가?'라고 물을 수 있기 때문이다. 만약 그 질문에 답할 수 없다면, '왜 아무것도 존재하지 않기보다는 무엇인가가 존재해야 하는가?'라는 질문도 마찬가지이다. '미세 조정'이니 '지적 설계'니 '인류원리'[45]니 하는 가정들은 매우 의심스럽다. 어쨌든 '신은 인격적 존재'라는 유신론적 믿음은 입증될 수 없는 신앙의 의인화된 비약을 표상한다. 이러한 모든 설명들은 자연을 초월하는 성격을 띠고 있으며, 따라서 실행 가능성이 거의 없다시피 한 엄청난 검증의 문제를 야기하기 때문에 수상쩍기 짝이 없다. 아마도 그런 물음들에 대한 최선의 태도는 회의주의적 태도이다. 적어도 우리는 우주의 초월적인 기원들을 추정하는 것에 대해서, 그런 이론들이 책임성 있고 명백하게 확증되거나 거부되기 전까지는 판단을 보류해야 한다.

종교적 진리의 기초로서 신이나 신의 사자에게서 받았다

고 주장하는 계시들은 믿을 만한 관찰자에 의해 확인되지도 않았을 뿐더러 대단히 의심스럽기도 하다. 아브라함 계시 종교의 역사적 변형들(유대교 구약 성서, 기독교 신약 성서, 이슬람교 쿠란)은 충분히 믿을 만한 목격자에 의해 증명되지 않았다. 성서와 쿠란에 대한 (문헌학적-옮긴이) 비평은 이런 책들이 신에 의해 쓰인 것이 아니라 틀릴 수도 있는 인간에 의해 쓰였음을 보여주었다. 이 경전들은 서로 경쟁하는 여러 신앙의 지지자들이 만든 것이다. 심지어 그들이 주장하는 계시들을 액면 그대로 받아들인다 해도, 그것들은 서로 모순되고 충돌한다. 모세, 아브라함, 이삭, 요셉과 같은 구약 성서의 예언자들이 역사적으로 실재했는지도 의심스럽다. 신약 성서의 저자들이라고 추정되는 마르코, 마태, 루가, 요한

---

44) **제1원인** 아리스토텔레스 형이상학에서 모든 운동의 궁극적인 원인을 말한다. 모든 일에는 그 원인이 있어야 하는데, 그 원인을 있게 한 또 다른 원인을 거슬러 올라가면 무한에 빠지게 된다. 따라서 자기 자신이 곧 원인이 되는 지점이 요청되는데, 이를 제1원인이라고 하며 '부동의 동자(不動의 動者)'라고 하기도 한다. 부동의 동자란 스스로 움직이지 않으면서 다른 것을 움직이고 변화시키는 존재를 말한다. 제1원인의 형이상학적 지위는 곧 신이다.

45) 창조주가 존재한다는 유사과학적 논변들로 '우주는 생명체를 위해 미세하게 조정되어 있으며 이것은 지적 설계자가 존재한다는 증거다.'라는 주장과 '인류의 존재 자체가 자연의 원리를 설명한다.'와 같은 주장이다.

사도 바울 로마 제국 전역에서 선교 활동을 하여 유대인 중심의 소수 종파였던 기독교를 세계 종교로 만든 장본인이다.

세속적 휴머니즘이란 무엇인가?

중 그 누구도 예수를 직접적으로 알지 못했고, 심지어 바울 46)도 예수를 직접 보지는 못했다. 바울을 제외하면, 전통에 의해 그런 이름(마르코, 마태, 루가, 요한)으로 불리게 된 그 사람들이 복음서를 직접 필사한 것도 아니다. 이러한 경전들은 종종 내용적으로 모순되기도 하는 구전 전통에 근거한 제2, 제3의 필사 증언들이고, 어찌 되었든 간에 새로운 신앙의 선동가들에 의해 후세로 전해졌기 때문에 혐의를 받는 것이 당연하다. 마찬가지로 쿠란과 예언자 무함마드의 일생에 관한 하디스 47)의 역사적 정확성 역시 매우 의심스럽다. 이슬람교에서는 쿠란이 단 한 번 일어났던 기적적 사건을 통해 무함마드가 구술한 것이라고 주장하지만, 서로 다른 쿠란의 판본들이 아주 많이 존재했다는 역사적 문헌적 증거들은 풍부하게 존재한다. 이것은 곧 신약과 다를 바 없이 이슬람 경전도 역사적 발전 과정을 겪었다는 것을 의미한다.

---

46) **바울**(Paul, 10?~67?)이 예수의 생몰 연대와 가장 가까운 인물이기 때문에 저자가 강조한 것이다.

47) **하디스** 예언자 무함마드의 언행에 대한 전승. 이슬람교의 유일한 경전은 『쿠란』이나 이를 올바르게 이해하기 위해서 제2의 경전인 하디스를 참고한다. '하디스'는 전승을 뜻하는 아랍어이다.

기본적으로 세속적 휴머니스트들은 비신론자들이다. 즉 그들은 신의 존재, 특히 인격적인 유일신의 존재를 믿기에는 증거가 충분치 않다고 본다. 세속적 휴머니스트들 중 일부는 자신들이 무신론자라고 노골적으로 선언하고 그러한 사실을 부정하려고 하지 않는다. 비신론과 무신론의 차이는 무신론자들이 보통 자신들을 유신론에 대한 반대자로 주요하게 정의하는 데 반해, 비신론자들은 자신들의 비신앙적 태도를 더 넓은 과학적·철학적·윤리적 관점의 일부로 간주하는 것이다.

현대 세속적 휴머니스트들은 또한 신성한 존재가 세상을 창조하거나 설계한 후 홀로 내버려두었다고 믿는 18세기적 의미의 이신론자가 아니다. 그러나 일부 세속적 휴머니스트들이 세계에 관한 스피노자식 생각, 즉 자연의 규칙성이나 법칙성이 우리로 하여금 이 거대한 우주의 장엄함에 대해 경탄하도록 만들며, 심지어 '자연적 경건함'의 한 형태를 이끌어낸다는 생각에 동조하지 않는 것은 아니다.[48]

세속적 휴머니스트들은 기도의 효험이나 죽음을 이긴 인간의 존재[49]에 관한 어떤 믿음도 거부하며, 인격신으로부터 구원을 얻고자 하는 어떠한 희망도 거부한다. 영혼이 육신에서 떨어져 나온다는 주장이나, 인간이 마음과 육체 두 가지로 이루어져 있다거나 인간이 일종의 '기계 속의 영혼'[50]이라는 주장들 역시 세속적 휴머니스트들에게는 충분한 근거가 없는 이야기들이다. 심령학이나 초심리학 연구로 인간 의식에 영혼과 같은 비물질적 요소가 있다고 주장하려는 모든 시도들은 전혀 결정적이지 못했다. 뇌신경과학에 따르면, '의식'은 뇌와 신경계의 작용일 가능성이 가장 크다.

휴머니스트 윤리

세속적 휴머니즘은 일련의 긍정적인 윤리적 원칙과 가치를 주장한다. 실제로 어떤 휴머니스트들은 '신의 존재를 믿지 않으면 선해질 수 없다.'고 끈질기게 주장하는 종교분자들에 대한 대응이 강조되어야 한다며 휴머니스트 윤리를 휴머니즘의 가장 중요한 특징으로 보기도 한다. 휴머니스트들은 윤리적 가치가 인간의 경험에 관한 것이지, 신학적이거나 형이상학적인 토대로부터 나오는 것이 아니라는 입장이다. 이것이 의미하는 바는 (과학과 마찬가지로) 윤리는 탐구의 자율적인 영역이라는 생각이다. 휴머니스트 윤리는 윤리 담론 언어에 관한 인식론적 분석인 메타윤리학[51]으로 시작해서 거기서 끝나지 않는다.(물론 메타윤리학 연구도 중요하긴 하다.) 대신에 실질적인 규범적 판단과 권고를 만들어내기 위해서 구체적인 행위에 초점을 맞춘다.

인간은 스스로 좋은 삶을 이루어낼 수 있다. 그리고 우리

---

48) 경건함의 원천이 형이상학적 신이 아니라 자연 그 자체라는 의미이다. 스피노자에게 있어서 세상, 자연, 우주는 신의 창조물이 아니라 완전한 존재 곧 신이다.

49) **죽음을 이긴 인간** 예컨대 기독교에서는 예수 그리스도.

50) **기계 속의 영혼** '심신이원론'과 '기계 속 영혼'은 데카르트의 주장으로, 인간의 몸을 기계로 보고 그 속에 영혼이 거주한다는 관념이다.

51) **메타윤리학** 윤리적 규범이나 원리를 제시하는 것이 아니라 윤리 명제를 언어의 문제로 보고 그 언어의 의미와 기능에 대해 분석하려는 입장이다. 즉 어떤 행동을 선하게 만든 원리가 무엇인지를 묻지 않고, '선하다', '악하다'는 말 자체가 의미하는 바가 무엇인지를 연구한다.

가 행복해질 수 있는 여건들을 발견해내는 것이 바로 이성(理性)의 과업이다. 행복이라는 것이 주로 쾌락주의적 기쁨을 말하는 것인지, 아니면 욕구 충족[52], 창조적 성장, 자기실현과 같은 더 고차원적인 만족을 말하는 것인지에 관해서는 휴머니스트들 간의 논쟁이 있긴 하다. 역사적 관점에서 볼 때, 쾌락주의는 에피쿠로스 학파에서 비롯되었으며 자기실현 이론은 아리스토텔레스에서 그 기원을 찾을 수 있다. 근대 쾌락주의는 공리주의에 영향을 끼쳤고, 자기실현의 근대 이론들은 에이브러햄 매슬로, 칼 로저스, 에리히 프롬이 기술한 인본주의 심리학[53]을 이끌어냈다. 인본주의 심리학자들은 인간의 본성이 선하다고 본다. 그들은 각 개인의 도덕 발달 과정이 부분적으로 그가 양육의 보살핌을 받고, 생물학적 사회적 필요들(신체 유지와 성장을 위한 필요, 자기 존중, 사랑, 어떤 공동체에 소속되는 경험, 창조성, 자신의 능력을 최대로 발휘하는 최고의 경험을 위한 능력)을 충족하느냐에 달려 있다고 주장한다. 많은 휴머니스트들이 행복이란 쾌락주의와 창조적 도덕 발달의 결합이며, 활기 넘치는 인생은 탁월성과 즐거움, 의미와 풍요, 감정과 인식의 융합이라고 주장했다.

로렌스 콜버그[54]와 장 피아제[55]는 어린이와 청소년기에 도덕 발달의 단계들이 있다고 주장했다. 휴머니스트들은 윤리 문제에 있어 그러한 성장을 고취하고자 하며, 사회 내의 윤리적 안목과 평가의 수준을 높이려고 노력한다. 그들은 도덕적·지적·미적 경험을 위한 능력을 계발하기 위해서는 세속적인 도덕 교육이 필수적이라고 믿는다. 인류의 도덕적 성향은 진화의 오랜 시간에 걸쳐 발달해 왔으며, 성격과 인

---

52) **욕구 충족** 단순히 동물적 감각적 욕구를 충족한다는 의미가 아니라 인간의 사회적 내면적 성장과 관련하여 계층적으로 배열된 포괄적인 욕구들에 대한 충족을 의미한다. 에이브러햄 매슬로(Abraham Maslow, 1908~1970)는 생리적 욕구, 안전에 대한 욕구, 애정과 소속의 욕구, 자기 존중의 욕구, 자기실현의 욕구 등 5단계의 욕구 위계 이론을 주창했다.

53) **인본주의 심리학** 인간의 자유 의지와 자아 실현에 대한 욕구를 강조하는 심리학 분야로 행동주의 심리학과 정신분석학에 대한 반발로 나타났다. 휴머니즘 심리학이라고 하기도 한다.

54) **로렌스 콜버그**(Lawrence Kohlberg, 1927~1987) 미국의 심리학자. 피아제의 인지 발달 이론에 영향을 받아 도덕성 발달에 대한 이론을 전개했다. 콜버그는 도덕성의 발달을 6단계로 나누었는데, 벌과 복종의 단계, 욕구 충족 수단의 단계, 대인관계 조화의 단계, 법과 질서를 준수하는 단계, 권리와 사회계약의 단계, 보편윤리적 원리의 단계가 그것이다.

55) **장 피아제**(Jean Piaget, 1896~1980) 스위스의 심리학자. 어린이의 인지 발달 단계를 감각 운동기, 전조작기, 구체적 조작기, 형식적 조작기 등 4단계로 나누어 설명했다.

식의 발전 속에서 표현되어 왔다.

아리스토텔레스에서부터 스피노자, 존 스튜어트 밀, 존 듀이, 시드니 훅, 존 롤즈에 이르기까지 철학자들은 윤리적 선택이 부분적으로는 반성적 지혜를 기꺼이 받아들인다고 주장했다. 일부 세속적 휴머니스트들은 20세기 초에 정서주의[56]에 동조적이었다. 정서주의는 윤리적 용어들과 명제들은 주관적이며 객관적으로 보증될 수 없다는 관점이다. 그러나 지금은 많은 윤리적 판단들이 객관적으로 정당화될 수 있는 것으로 간주되고 있기 때문에 정서주의는 대체로 신뢰받지 못하고 있다. 윤리학에서 인식의 역할을 인정하는 사람들은 숙고(deliberation)를 의사결정에 있어 핵심적인 부분으로 본다. 이러한 숙고 과정을 통해 가치 판단은 수정될 수 있는 기존의 가치와 원칙들을 포함하여 다양한 기준들(문제적 상황의 동기, 선례들, 대안의 비용과 결과)로 평가될 수 있을 것이다.

윤리적 원리가 목적론적이어야 하는지 의무론적이어야 하는지에 대해서는 휴머니스트 윤리학 내에서도 일부 의견

세속적 휴머니즘이란 무엇인가?

불일치가 있다. 목적론은 우리의 장기적인 목적을 실현하는 데 도움을 주는지 여부로 도덕률을 판단한다. 반면 의무론은 도덕의 일반 원리가 일단 어떤 독립적인 도덕적 지위를 갖는다고 한 칸트의 주장을 따른다. 대부분의 휴머니스트들은 우리가 가치와 윤리적 원리 양쪽 다 고려해야 한다고 말한다. 비록 가장 중요한 검증은 그 결과를 살펴보는 것이며 하나의 구체적인 상황에 경쟁하는 주장들을 적용하여 검토하는 일을 포함하지만 말이다. 도덕 절대주의는 독단이며 억압이므로 거부된다. 조셉 플레처에 의해 '상황 윤리'[57]라는 이름이 붙은 이런 입장은 도덕 규범의 총체적 붕괴를 함축한다고 주장하는 비판자들에 의해 '상대주의'라고 공격받아 왔다. 세속적 휴머니스트들은 이런 비판은 옳지 않다고 본다. 세속적 휴머니스트들은 한편으로 도덕 규범이 존재한다고 믿지만,

---

56) **정서주의**(emotivism) 객관적인 옳고 그름은 없으며 도덕적 판단은 주관적인 감정의 서술에 불과하다는 주장이다.

57) **상황 윤리** 윤리 규범의 절대성을 부정하면서 구체적인 상황에 따라 윤리적 당위가 달라질 수 있다는 주장. 조셉 플레처(Joseph Fletcher, 1905~1991)는 사람이 살아가는 구체적인 환경 속에는 경직된 방식으로 옳고 그름을 판단하기 어려운 윤리의 회색 지대가 있다고 말하며 그러한 경우에는 윤리 규범보다는 '사랑'을 더 우선하여 판단해야 한다고 주장했다.

| 칸트 "네 행위의 준칙이 언제나 보편적 입법 원리가 될 수 있도록 행위하라."는 말에 표현된 것처럼 칸트는 우리에게 보편적인 도덕 법칙을 따를 의무가 주어져 있으며, 그것이 의무인 이유는 우리가 이성을 지닌 자유로운 존재이기 때문이라고 생각했다.

세속적 휴머니즘이란 무엇인가?

도덕 규범은 반성적인 물음으로부터 나오는 것이라고 주장한다. 휴머니스트들은 스스로를 주관적 상대주의라기보다는 객관주의자[58]로 생각한다. 그들은 또한 도덕적 문제는 사실에 근거한 지식과 인간 경험을 참조함으로써 가장 잘 해결될 수 있다는 자연주의적 윤리학[59]을 옹호한다.

분명하게도 자연주의자들은 윤리학에서 초자연적인 도덕을 거부한다. 그들은 비록 고전적인 종교적 문헌들이 도덕적 통찰을 표현하기는 하지만 종종 현대의 상황에는 맞지 않는다고 주장한다. 왜냐하면 그러한 종교 경전들은 훨씬 이전의(즉 과학 시대 이전의 유목적이고 농경적인) 문화적·도덕적 발전 수준에 근거해 있기 때문이다. 이러한 부적절성을 지

---

58) **객관주의** 사물이나 윤리 규범이 우리의 인식, 주관적 믿음이나 행위에 독립적으로 존재하며 그러한 대상에 대한 객관적 지식 획득이 가능하다고 보는 입장. 예를 들어 객관주의자에게는 지구상의 모든 사람들이 천동설을 확고히 믿는다 하더라도 지동설 태양계가 객관적으로 존재하며, 태양계에 관한 지식은 천동설이 아니라 지동설이 참이다.

59) **자연주의적 윤리학** 자연적 사실에서 윤리 규범을 이끌어내는 입장으로 쾌락이나 행복을 윤리 명제의 기초로 하는 공리주의 전통과 관련이 있다. 그러나 사실 명제로부터 당위 명제를 도출할 수 없다는 비판을 받고 있다.

적하기에는 몇몇 예들로 충분할 것이다.

1. 신이 (어머니가 아니라-옮긴이) 아버지라는 믿음의 전제 하에서도 여성의 역할, 일부일처제, 이혼, 낙태, 전쟁 혹은 평화 등에 관한 도덕적 명령들이 여러 갈래로 다양하게 도출될 것이다. 따라서 그러한 믿음만으로는 특정한 도덕적 의무를 정할 수 없다는 점은 분명하다.

2. 신의 처벌이나 포상 때문에 도덕적 의무가 있는 것이 아니다. 신의 명령, 내세에서의 처벌에 대한 두려움, 포상에 대한 희망 때문에 어떤 일을 한다면 그것을 도덕적이라고 말하기는 힘들 것이다. 오히려 그런 것들은 다른 사람의 처지에 공감할 줄 아는 성숙한 내면의 감각이 발달하는 것을 지연시킬 것이다.

3. 니체, 마르크스, 프로이트 등 일련의 모든 근대 비평가들은 종교가 진실을 검열하고, 성(性)을 억압하며, 진보에 반대하고, 인간의 무능력을 강화하며, 인간 조건을 개선하려는 노력 대신에 위안을 제공하려 한다는 것을 보여주었

다. 『휴머니스트 선언 II』[60]는 말한다. "어떤 신도 우리를 구원하지 않을 것이다. 우리는 우리 자신을 구해야 한다." 우리는 우리 자신의 운명에 대해 책임이 있다. 우리는 우리 자신과 우리 사회 바깥에서 구원을 기대할 수 없다.

휴머니스트의 세 가지 핵심 미덕은 의존, 무지, 다른 사람의 필요(욕구)에 대한 무감각이 아니라 용기, 앎, 보살핌이다. 그러므로 휴머니스트 윤리는 인간의 자유에 초점을 맞춘다. 그것은 개인의 성장과 발전을 독려한다. 휴머니스트 윤리는 휴머니스트들이 자신들의 운명을 통제하고 자신들의 계획과 프로젝트에 개인적으로 그리고 집단적으로 책임을 지고자 하는 열망에 초점을 둔다. 휴머니스트 윤리는 우리가 단순히 세계를 이해하고 좋아하기 위해서가 아니라, 우리의 필요와 열망을 만족시키기 위해 세계를 신중하게 사용하고자 하는 의도를 갖고 세계에 뛰어드는 것에 주목한

---

60) 『**휴머니스트 선언 II**』 폴 커츠와 에드윈 윌슨의 주도로 1973년에 작성된 두 번째 휴머니스트 선언. 프랜시스 크릭, 아이작 아시모프, 시드니 훅, 줄리언 헉슬리, B. F. 스키너 등 120명의 인사가 연서했다.

다. 휴머니스트 윤리는 독립성, 대담함, 지략을 강조한다. 프로메테우스는 불을 훔쳐 인간에게 문명의 기예를 선물함으로써 지고한 신들에게 도전하였으므로 휴머니즘의 신화적 '성인聖人'이라 할 수 있을 것이다.

삶은 우리에게 가능성과 기회를 보여 준다. 삶의 의미란 우리는 모두 결국 죽을 수밖에 없는 존재임을 알게 되었을 때 자라나는 것이다. 삶의 의미는 자유 선택이라는 우리의 행위 속에서 그리고 우리의 목표와 영감 속에서 생겨난다. 인간이 스스로의 힘으로 존재하는 한, 인간은 자신들의 현실을 규정할 수 있다. 인간은 늘 무엇인가로 되어가는 개인적 과정 속에 있다. 여기서 가장 중요한 미덕은 자율성이다. 그러나 여기에는 어떤 인간도 완전한 고립 속에서 살 수 없다는 인식이 따른다. 인간은 사회적 동물이기 때문이다. 인간의 선(善) 중에서 최고이자 불후의 가치는 다른 사람들과의 나눔이다. 이타적인 보살핌은 바로 우리가 인간이도록 하는 데 있어 핵심적이다. 공동의 도덕 예절(혹은 미덕)에 대한 안목을 키우고 다른 사람에 대한 선의의 전반적인 감각을 계발하는 것은 인간의 순수한 이기적 이해관심을 억누르

세속적 휴머니즘이란 무엇인가?

는 데 도움을 준다.

자기 이익과 사회적 선 사이의 충돌은 고전적인 도덕 패러독스이다. 우리가 삶 속에서 마주치는 딜레마와 비극들 중에는 세속적 휴머니스트들도 그 해법을 쉽게 찾을 수 없는 것들이 있다. 오직 숙고된 판단으로만 경쟁하는 가치와 원칙들 사이에서, 혹은 자기 이익과 다른 사람들의 필요 사이에서 균형을 가장 잘 찾을 수 있을 것이다. 우리가 결정을 내리는 구체적인 맥락에 대해 최종적으로 분석할 때 일단 기댈 수 있는 몇몇 보편적인 가이드라인이 있기는 하지만 말이다.

휴머니스트 윤리는 평등과 사회적 정의에 대한 관심을 표명한다. 휴머니스트들은 종교적 전통이 '인류는 모두 형제'라는 생각을 지지하는 한 그것에 동의한다. 신의 명령이 아니라 도덕적 숙고를 통해 우리가 다른 사람들에 대해 책임을 진다는 것을 알기 때문이지만 말이다. 각 개인은 존엄성과 가치에 있어서 평등하고, 그 자신이 목적인 존재이며, 도덕적 숙고를 할 자격이 있는 존재로 이해된다. 이것은 다시 말해, 특히 전 지구적 차원에서 민주주의와 인권에 대한 기초 혹은 우리의 관념이다. 우리는 또한 지각 있는 다른 형태의 생명체들[61]과 지구상의 다른 종들에 대한 의무를 지닌다.

사회·정치적 전망: 민주적 휴머니즘

세속석 휴머니즘은 다양한 역사적 시기 동안 수많은 사회· 정치적 전망들을 가지고 있었다. 세속적 휴머니즘은 줄곧 정의와 공동선에 관심을 기울였다. 근대 세계에서 그것은 민주주의의 시민적 덕성을 강조해 왔다. 민주주의 철학에는 수많은 원천들이 있다. 존 로크는 인권, 관용, 저항권을 옹호했고 존 스튜어트 밀은 반대 의견의 권리를 변호했다. 20세기에 칼 포퍼는 플라톤에서 마르크스에 이르기까지 전체주의 정권들을 기소하면서, 다원주의적이고 민주적인 열린 사회를 옹호했다. 존 듀이는 자유민주주의에 대해서 공중(公衆)이 건전한 정책을 발전시키고 이를 실행할 관리를 선출하기 위해 수행하는 '탐구 방법'이라고 말했다. 듀이는 지적인 시민들이 충분한 정보하에서 의사 결정하는 정치 문화를 함양하는 데 교육이 중요한 역할을 하기를 바랐다. 시드니 훅은 민주주의를 결과의 관점에서 경험적 근거로 정당화하려고 했다. 즉, 민주적인 사회들은 더 많은 자유와 평등, 더 적은 속임수와 잔혹함, 그리고 문화적 풍요, 창조성, 공유된 경험들, 높은 삶의 질에 대한 더 많은 기회를 제공한다는 것이다. 세속적 휴머니스트는 **정치적 민주주의**가 민주적인 사회에서 핵심이라고 주장한다. 정당성을 갖춘 정부의 법과 정책은 그것에 반대할 수 있는 법적 권리, 소수자의 권리, 적법한 절차, 시민적 자유의 보장과 함께 선거에서 투표하는 성인 다수의 '자유로운 동의'로부터 나온다. 이것은 또한 자발적인 시민의 결사와 언론의 자유에 달려 있다. 민주주의는 사회적 평등과 자유로운 접근성에 대한 인종적·민족적·계급적·종교적·성적 차별이 없는 척도가 존재한다고 전제한다. 또한 민주주의는 경제적 민주주의에 대한 척도역시 전제한다. 적어도 경제에 참여한 사람들이 재화를 나눌 수 있다는 의미에서, 그리고 정부가 규제나 과세와 같은 수단으로 모종의 민주적 통제를 실현할 수 있다는 의미에서

---

61) 인간과 유사한 지각을 가진 존재로는 대표적으로 유인원을 들 수 있다.

말이다.

20세기에 경제적 자유지상주의자들과 사회민주주의의 옹호자들 사이에 상당한 논쟁이 있었다. 에인 랜드[62]와 같은 자유방임의 원칙을 주장하는 사람들은 경제에 대한 정부의 개입을 제한하려 했고 경제 성장을 이루는 데 자유 시장 경제가 계획 경제보다 더 낫다고 주장했다. 사회민주주의자들과 자유주의자들[63]은 민간 부문이 공공의 필요나 복지를 충족시키지 못하거나 사회 정의와 '공정성의 원칙'이라고 여겨지는 것을 침해하는 경우 정부가 개입할 의무를 갖고 있다고 믿는다. 세속적 휴머니스트들은 비록 많은 구체적인 경제 정책들에 관해서 당연히 그들 사이에 이견이 있기는 하지만, 민주적인 과정을 중시하고 사회적 정치적 문제들을 해결함에 있어 이성과 과학을 적용하는 것에 대해서는 같은 견해를 공유한다.

20세기를 거쳐 세속적 휴머니스트들이 참여한 가장 중요한 논쟁은 자유민주주의 휴머니스트와 마르크스-레닌주의자들간의 논쟁이었다. 이사야 벌린[64], 시드니 훅과 같은 서구의 자유주의 휴머니스트들과 인도의 M. N. 로이[65]는 전체주의적 마르크스주의 정권들이 휴머니즘의 원칙을 배신했다고 단언하면서 시민적 자유와 정치적 민주주의가 결정적으로 중요하다고 강조했다. 일부 동유럽 마르크스주의 휴머니스트들은 마르크스도 자유를 강조했다며 그의 청년기 저작인 『경제 철학 수고』(1844)[66]를 들었다. 스베토자르 스토야노비치[67], 류보미르 타디치[68]와 같은 사상가와 운동가

---

62) **에인 랜드**(Ayn Rand, 1905~1982) 러시아 태생의 미국 소설가. 자본주의의 도덕적 우월성을 강조한 대표작 『아틀라스』를 썼으며, 뉴딜 정책 등 사회적 공공성을 강화하려는 정부의 노력에 매우 비판적이었다. 미국 연방준비제도이사회 전 의장인 앨런 그린스펀의 오랜 친구이자 멘토로 알려져 있다.

63) **자유주의**(liberalism) 흔히 자유주의는 시장 원리를 우선으로 하는 경제적 자유주의로 알려져 있으나 이것은 자유주의에 대한 잘못된 이해이다. 자유주의는 인간의 기본권 옹호에서 출발하여 공정하고 정의로운 부의 재분배를 주장한다. 비타협적인 시장주의 옹호자들은 자유주의자들(liberals)이 아니라 자유지상주의자들(libertarians)이다.

64) **이사야 벌린**(Isaiah Berlin, 1909~1997) 라트비아 태생의 영국 철학자. 20세기의 대표적인 자유주의 사상가이며, "여우는 많은 것들을 알지만 고슴도치는 하나의 큰 것을 안다."는 말을 남긴 것으로도 유명하다.

65) **마나벤드라 나트 로이**(Manbendra Nath Roy, 1887~1954) 인도의 독립 운동가이며 혁명가. 멕시코 공산당과 인도 공산당의 건설에 참여했다. 코민테른의 일원이었으나 스탈린의 등장으로 공산주의 주류에서 이탈하여 독립적인 급진파의 길을 걸었다. 훗날에는 마르크스주의와 결별하고 급진적 휴머니즘의 대변자가 되었다.

❶M. N. 로이
❷프레더릭 더글러스
❸엘리자베스 스탠턴(왼쪽)과
　수전 앤서니(오른쪽)

　　　　　　　　　　　　　세속적 휴머니즘이란 무엇인가?

들은 스탈린주의에 격렬히 반대했고, 전체주의적 공산주의 세력을 무디게 만드는 데 일조했다.

  민주주의 사회 안에서 평등한 권리를 위한 역사적 전투가 벌어지는 동안 휴머니스트와 세속주의자들은 종종 자유주의적 종교 인사들과 동맹을 맺고 해방의 의제를 일반적으로 지지해 왔다. 19세기에 그들은 노예제를 반대했고(프레더릭 더글러스[69]), 로버트 그린 잉거솔[70]), 여성의 참정권 운동(엘리자베스 캐디 스탠턴, 수전 B. 앤서니[71])을 벌였다. 20세기에 그들은 여성주의(베티 프리던, 글로리아 스타이넘[72])를 위한 전투를 지

---

66) 『경제 철학 수고』 1933년 소련 연구자들의 손에 의해 처음으로 출간되어 마르크스주의자들과 학자들의 커다란 이목을 끌었다. 초기 마르크스의 대표적 저작으로 '소외'의 문제를 다루고 있으며 『자본』으로 대표되는 후기의 과학적 마르크스주의와 차별성을 획득, 인간주의적 마르크스주의의 표상으로 여겨졌다.

67) 스베토자르 스토야노비치(Svetozar Stojanovic, 1931~2010) 세르비아의 철학자이자 정치사상가. 휴머니즘적인 가치를 파괴하는 사회 제도들에 대한 비판으로서 마르크스주의를 재해석한 비판적 마르크스주의를 주창했다. 프롤레타리아트 독재를 거부하고 사회민주주의를 옹호했다. 세속적 휴머니스트이며 『휴머니스트 선언 II』에 연서했다.

68) 류보미르 타디치(Ljubomir Tadic, 1925~) 세르비아의 철학자이자 세르비아 민주당의 창립자. 세르비아 대통령 보리스 타디치의 아버지이다.

지했으며 소수자와 흑인, 게이와 레즈비언, 장애인의 권리를 옹호했다(제임스 파머, 리처드 라이트73)).

민주주의를 위한 멈추지 않는 싸움은 국가와 교회의 분리를 요구하는 데서도 일어났다. 미국에서 종교적 우파들은 부적절하게도 종교적 목소리가 공적 영역에서 중요하게 취급되어야 한다고 주장해 왔다. 또 그들은 종교 학교나 종교 자선 단체에 대한 정부의 재정적 지원을 확보하기 위해 노력해 왔다. 그들은 공립학교에서 창조론이나 지적 설계론을 진화론과 함께 가르치도록 강제하려고 노력했으며 비신앙인들의 권리를 제한하고자 했다. 그러한 모든 조치들은 세속적 휴머니즘과 대립된다. 세속적 휴머니스트들은 종교가 사적 문제가 되어야 하며 과학의 진실성은 옹호되어야 한다고 생각한다. 그래서 그들은 학생들이 최고의 과학 교육을 받을 수 있어야 하며, 비신앙인의 권리도 신앙인과 동등하게 보장되어야 한다고 믿는다.

세속적 휴머니즘은 특히 프라이버시에 대한 강력한 옹호자이다. 이것은 의료 윤리 문제에 있어 비밀 유지의 권리와

충분한 정보하에 이루어진 환자의 동의를 수반한다. 또한

---

69) **프레더릭 더글러스**(Frederick Douglas, 1817~1895) 흑인 노예 출신의 노예 해방 론자. 웅변, 집필, 언론 활동으로 노예제 폐지에 앞장섰다. 링컨 대통령 자문 역할을 맡았으며 흑인으로는 처음으로 미국 정부 고위 공직자로 활동했다.

70) **로버트 그린 잉거솔**(Robert Green Ingersoll, 1833~1899) '위대한 불가지론자'로 불린 웅변가이자 남북전쟁 영웅.

71) 미국의 1세대 페미니스트들. **엘리자베스 캐디 스탠턴**(Elizabeth Cady Stanton, 1815~1902)은 미국 최초의 여권 집회를 주도하여 여성의 권리를 주장했다. **수 전 B. 앤서니**(Susan B. Anthony, 1820~1906)는 여성 참정권 운동의 어머니로 18 대 미국 대선에서 투표하여 100달러의 벌금형을 선고받기도 했다. 미국의 초창기 여권 운동가들은 노예제 폐지론자이기도 했다.

72) 20세기 후반의 여성운동을 이끈 미국 페미니스트들. **베티 프리던**(Betty Friedan, 1921~2006)은 현대 여권 신장에 중요한 역할을 한『여성의 신비』를 집필한 계기로 여성 운동에 뛰어들었다. **글로리아 스타이넘**(Gloria Steinem, 1934~)은 급진적 여성운동가이며 언론인이다.

73) **제임스 파머**(James Farmer, 1920~1999)는 흑인 민권 운동 지도자이며 미국 흑인 투쟁의 상징인 프리덤 라이드 운동을 시작한 사람이다. **리처드 라이트**(Richard Wright, 1908~1960)는 인종 간의 평등한 권리를 역설한 흑인 소설가이다.

74) **체외 수정** 정자와 난자를 채취하여 배양관에서 수정시킨 후 여성의 자궁 내 로 이식하는 시술. 시험관 아기라고 하기도 한다.

75) 죽음에 관한 진보적인 제도들. **자비적 안락사**란 불치병의 환자가 극심한 육체 적 고통 속에서 삶을 유지하는 것이 무의미하다고 보고 생명을 단축시키는 것을 말한다. **조력 자살**은 의료진의 도움을 받아 스스로 목숨을 끊는 행위로 전세계적으로 이를 허용하는 국가는 스위스 등 극히 적은 수이다. **사망 선택 유언**은 식물인간이 되어 자신의 의사를 제대로 전달할 수 없는 경우 생명 유 지 장치를 언제 중단할지 그리고 가족에게 그러한 권한을 부여할지를 미리 유언으로 남기는 것이다.

세속적 휴머니즘은 생식(reproduction)의 자유(피임, 낙태, 체외 수정74))에 우호적이었으며, 자비적 안락사, 조력 자살, 사망 선택 유언75)과 같은 명분을 통해 존엄하게 죽을 권리를 옹호해 왔다. 프라이버시 권리는 성적 자유, 즉 포르노그래피 문학을 읽거나 출판할 성인의 권리를 포함하여 과도한 검열로부터의 자유, 그리고 성인이 국가의 억압에서 벗어나 자신들의 성적 취향(간통, 동성애)을 상호 동의하에 추구할 자유로 확대되어 왔다.

그러나 프라이버시 권리는 다른 권리들과 동떨어진 권리로 옹호되는 것은 아니며, 사회 구조와 개인이 맺는 관계를 무시하는 권리도 아니다. 세속적 휴머니스트들은 비록 다원주의 사회에서 서로 경쟁하는 생활 방식에 대한 관용을 강조하지만, 고삐 풀린 방탕을 지지하지는 않는다. 그들은 개인적 삶에 있어서는 탁월성과 창조성, 절제와 자기 규율, 신중함과 합리성을 키워나가고, 다른 사람들의 곤궁에는 예민해지라고 말한다. 세속적 휴머니스트들은 사적인 도덕을 법으로 강제하려고 하지 않으며, 그보다는 설득을 통해 도덕적 성향과 윤리적 합리성을 발달시켜 나갈 것을 촉구한다.

세속적 휴머니즘 운동은 자신을 단지 추상적이고 이론적인 사상에 국한하지 않았으며, 그 사상과 가치를 실천하려 했다. 세속적 휴머니즘 운동은 이성, 과학, 자유로운 탐구, 세속주의, 휴머니스트 윤리 그리고 민주주의에 헌신하는 비신앙인들을 위해 세계 각지에 센터와 커뮤니티를 건설함으로써 풀뿌리 차원에서 열심히 지원해 왔다. 또한 비판적 사고, 자연주의적 우주관, 휴머니즘적 가치를 제대로 평가하는 능력을 기르는 데 최고의 방법인 교육에 집중했다.

지구적 휴머니즘과 새로운 패러다임

세속적 휴머니스트들은 오늘날 어떤 나라도 세계의 다른 부분과 고립되어 혼자 힘만으로 당면한 문제를 해결하는 것은 더 이상 불가능하다는 사실을 알고 있다. 무역과 상업, 통신과 여행, 교육, 문화, 과학의 영역에서 상호의존성은 너무나 명백하다. 불행하게도 심각한 정치적·경제적·군사적 경쟁이 종종 전쟁으로 치닫는다. 종교적 증오가 마찬가지로 폭

력에 불을 붙인다.

세계가 직면한 근본적이면서도 풀기 어려운 문제는 바로 국가들 사이의 분쟁을 해결하는 데 상호 독립적인 국민국가들의 힘을 사용한다는 것이다. 국제 연맹의 실패는 2차 세계대전이 끝날 무렵인 1945년 유엔(국제 연합)의 창설로 이어졌다. 전쟁으로 기진맥진한 세계의 당면 과제는 '국가 간 분쟁을 전쟁에 의지하지 않고 평화적으로 해결할 수 있는 집단 안보의 원칙을 어떻게 확립할 것인가?'였다. 세속적 휴머니스트들은 지구적 규모에서 협상과 타협의 방법을 작동시키는 데 중요한 역할을 해왔다.

줄리언 헉슬리(유네스코 초대 사무총장[76]), 존 보이드 오어(유엔식량농업기구 초대 사무총장[77]), 브록 치점(세계보건기구 초대 사무총장[78]) 등 많은 휴머니스트들이 초창기 유엔에 관여했었다. 국제 인도주의 윤리연합과 각국의 탐구 센터(Center for Inquiry-Transnational)[79]는 유엔에서 비정부기구로서 특별 자문 역할을 했다. 냉전이 절정이던 1973년에 출간된 『휴머니스트 선언 II』는 민족주의적 기반 때문에 인류가 분열되는 것을 개탄했다.

국제 휴머니즘 아카데미가 공개적으로 지지한 『휴머니스트 선언 2000』[80]은 휴머니즘의 가치를 실현하기 위해 '새로운 글로벌 의제'를 제안한다. 『휴머니스트 선언 2000』은 인권을 보호하고 인간의 자유와 존엄을 드높이기 위해 노력해야 하며 '인류 전체'에 대한 우리의 약속을 강조할 '새로운 지구적 휴머니즘(Planetary Humanism)을 발전시키는 것'이 다른 무엇보다 중요하다고 말한다. 기저에 깔린 윤리적 원칙은 '세계 공동체의 모든 사람들의 존엄과 가치를 존중하는 것'이다. 피터 싱어[81]와 한스 큉[82]과 같은 사상가들 역시 민

---

76) **줄리언 헉슬리**(Julian Sorell Huxley, 1887~1975) 영국의 생물학자. 문학가 올더스 헉슬리의 형이기도 하다.

77) **존 보이드 오어**(John Boyd Orr, 1880~1971) 영국의 농업과학자. 유엔식량농업기구 초대 사무총창을 지낸 공로로 노벨 평화상을 수상했다.

78) **브록 치점**(Brock Chisholm, 1896~1971) 캐나다의 의사. 1차 세계 대전의 전쟁 영웅이다.

79) 원래는 미국 탐구 센터(Center for Inquiry)에서 시작했으나 캐나다 등 다른 나라에도 지부가 설립되어 뒤에 '트랜스내셔널'이 붙었다.

80) 『**휴머니스트 선언 2000**』 폴 커츠가 2000년에 출간한 새로운 휴머니스트 선언.

족주의적·인종적·종교적·종족적 쇼비니즘[83]을 넘어서 새로운 글로벌 윤리가 필요하다고 강조한다. 『휴머니스트 선언 2000』은 새로운 '지구적 권리장전과 책임들'을 발표했다. 여기에는 지구 공동체가 지구 환경을 보전하고 세계의 기아와 질병, 빈곤을 끝낼 의무를 지닌다는 인식이 담겨 있다. 국민의 보건, 복지, 교육, 생태, 번영을 위한 현재의 프로그램들은 초국가적 차원으로 전환되어야 한다. 『휴머니스트 선언 2000』은 이미 존재하는 유엔의 기관들을 강화하는 일련의 방법을 추천한다. 그러나 여기에서 더 나아가 국민국가에 의해서가 아니라 전 세계 인민들에 의해 선출된 효율적인 새로운 세계 의회가 있어야 한다. 또한 군사적 충돌을 해결하기 위한 범세계적 안보 체계와 자연 생태를 보전하고 멸종 위기에 처한 다른 종들을 보호하기 위한 초국가적 환경 보호 기구도 있어야 한다. 『휴머니스트 선언 2000』은 또한 세계 저발전 지역을 돕기 위한 국제적인 과세 체제와 지구상의 모든 사람들에 대한 보통 교육과 보건 의료, 다국적 기업에 대한 규제를 위한 절차, 국민국가나 글로벌 기업의 지배를 받지 않는 통신 미디어에 대한 보편적 접근을 통한 사상의 자유 시장을 권고하며, 새롭게 부상하는 글로벌 문

| **지구** 70억 인구와 그보다 더 많은 생명체들의 삶의 터전. 우리는 하나뿐인 지구에서 협력과
공존의 미래를 만들 수 있을까?

명을 위한 공동의 기반을 찾아야 하는 동시에 다문화적 차
이에 대해 존중해야 한다고 주장한다.

『휴머니스트 선언 2000』은 인류의 미래에 대해 낙관주의
적 기조를 갖고 있다. 그것은 자연 바깥에서 구원을 기다리
는 절망의 신학이나 이데올로기를 거부한다. 우리는 인류가
자신의 운명에 대한 책임을 기꺼이 받아들이고자 하며, 모
두에게 더 나은 미래를 성취하기 위해 선의를 가진 다른 사
람들과 협력하려는 노력을 기꺼이 시작한다면, 지구라는 행
성에서의 삶은 지속적으로 개선되고 고양될 수 있다고 단언
한다.

---

81) **피터 싱어**(Peter Singer, 1946~) 오스트레일리아 태생의 미국 철학자.

82) **한스 큉**(Hans Küng, 1928~) 스위스의 가톨릭 신학자.

83) **쇼비니즘**(chauvinism) 배타적이고 호전적인 애국주의. 프랑스 연출가 코냐르
의 속요 〈삼색모표〉에서 나폴레옹을 열광적으로 숭배하는 병사 니콜라 쇼뱅
의 이름에서 유래된 말이다.

세속적 휴머니즘이란 무엇인가?

| 결론 |

세속적 휴머니즘은 인간의 문제를 해결하는 데 이성과 비판적 지성을 사용할 것을 강조한다. 세속적 휴머니즘은 자신의 삶을 개선하기 위해 과학과 기술을 적용하는 인류의 능력에 확신을 갖고 있다. 세속적 휴머니즘은 주술적이고 초자연적인 존재나 초월적 실재들에 대해 회의적이다. 세속적 휴머니즘은 비록 고전적인 무신론의 근대적 버전이지만, 또한 그것은 이 행성에서 살고 있는 인류의 당면 조건에 적합한 건설적인 윤리적 가치를 발달시키기 위한 긍정적인 규범적 관심을 표현한다. 그것은 민주주의와 지구적 휴머니즘에 대한 헌신을 다른 무엇과 타협하지 않으며, 인간의 자유 및

완성을 가장 중요한 인간적 가치로 여긴다. 이러한 모든 방법을 통해 세속적 휴머니즘은 포스트-포스트모더니즘 시대라고 할 수 있는 시기에 살고 있는 인간의 삶을 이끄는 새로운 패러다임을 제공한다.

| 참고문헌 |

Ayer, A. J., ed. *The Humanist Outlook*. London: Pemberton, 1968.

Blackham, H. J. *The Future of Out Past: From Ancient Rome to Global Village*. Amherst, NY: Prometheus Books, 1996.

———. Humanism. London: Penguin, 1968.

———, et al. *Objections to Humanism*. London: Penguin, 1974.

Bullock, A. *The Humanist Traditional in the West*. London: Thames & Hudson, 1985.

Davies, T. *Humanism*. London and New York: Routledge, 1997.

Dewey, John. *The Quest for Certainty*. New York: Minton, Balch, 1929. (『확실성의 탐구』, 김준섭 옮김, 백록, 1992년.)

———. *A Common Faith*, New Haven, CT: Yale University Press, 1934. (『민중의 신앙』, 임한영 옮김, 한양문고, 1983년.)

Firth, R. *Religion: A Humanist Interpretation*. London: Routledge, 1996.

Flew, Antony. *Atheistic Humanism*. Amherst, NY: Prometheus Books, 1994.

Flynn, Tom. *The New Encyclopedia of Unbelief*. Amherst, NY: Prometheus Books, 2007.

Frolov, I. *Man, Science, Humanism: A New Synthesis*. Amherst, NY: Prometheus Books, 1990.

Goodman, A. and Angus MacKay, eds. *The Impact of Humanism on Western Europe*. London: Longman, 1990.

Hawton, Hector. *The Humanist Revolution*. London: Barre and Rockliff, 1963.

Herrick, Sidney. *The Quest for Being*. New York: St. Martin's Press, 1961.

Humanist Society of Scotland. *The Challenge of Secular Humanism*. Glasgow: Humanist Society of Scotland, 1991.

Huxley, J. *Evolutionary Humanism*. Amherst, NY: Prometheus Books, 1992.

───. *The Humanist Frame*. London: George Allen and Unwin, 1961.

Knight, Margaret. *Humanist Anthology: from Conscious to David Attenborough*. London: Rationalist Press Association, 1961.

Krikorian, Yervant H. *Naturalism and the Human Spirit*. New York: Columbia University Press, 1944.

Kurtz, Paul. *Eupraxsophy: Living without Religion*. Amherst, NY: Prometheus Books, 1994.

───. *A Secular Humanism Declaration*. Amherst, NY: Prometheus Books, 1980.

───. *Humanist Manifesto I and II*. Amherst, NY: Prometheus Books, 1973.

───. *In Defense of Secular Humanism*. Amherst, NY: Prometheus Books, 1984.

───. *Philosophical Essays in Pragmatic Naturalism*. Amherst, NY: Prometheus Books, 1990.

───. *Skepticism and Humanism: The New Paradigm*. New

세속적 휴머니즘이란 무엇인가?

Brunswick, NJ: Transaction Publishers, 2001.

───. *The Transcendental Temptation: A Critique of Religion and the Paranormal*. Amherst, NY: Prometheus Books, 1991.

───, ed. *The Humanist Alternative*. Amherst, NY: Prometheus Books, 1973.

Lamont, Corliss. *The Philosophy of Humanism*. New York: Ungar, 1982. (『인본주의철학』, 권명달 옮김, 보이스사, 1966년.)

Popper, Karl. *The Open Society and Its Enemmies*. Princeton, NJ: Princeton University Press, 1971. (『열린사회와 그 적들 1』, 이한구 옮김, 민음사, 2006년. 『열린사회와 그 적들 2』, 이명현 옮김, 민음사, 1982년.)

Santayana, George. *The Life of Reason*. 5 Vols. New York: Scribners, 1905–06.

Sartre, Jean-Paul. *Existentialism and Humanism*. London: Methuen, 1948. First published in French in 1946 under the title *L'Existentialisme est un humanisme*. (『실존주의는 휴머니즘이다』, 박정태 옮김, 이학사, 2008년.)

Smith, J. E. *Quasi Religions: Humanism, Marxism, and Naturalism*. Hampshire, England: Macmillan, 1994.

Smoker, Barbara. *Humanism*. London: National Secular Society, 1984.

Soper, K. *Humanism and Anti-Humanism (Problems of Modern European Thought)*. London: Hutchinson, 1986.

Storer, M. *Humanist Ethics: A Dialogue on Basics*. Amherst, NY: Prometheus Books, 1980.

Van Praag, J. P. *Foundations of Humanism*. Amherst, NY: Prometheus Books, 1982.

지은이 **폴 커츠** Paul Kurtz

1925년 뉴욕의 유대인 가정에서 태어났다. 17살의 나이로 2차 세계 대전에 참전했다. 1965년부터 1991년까지 버팔로 뉴욕주립대학교 철학 교수로 있으면서 40여 종의 책과 800여 편의 글을 썼다. 1973년 『휴머니스트 선언 II』의 초안을 공동으로 작성했고, 1980년에는 『세속적 휴머니스트 선언』의 초안을 작성했다. 뉴욕주립대학교 찰스 P. 노턴 메달을 수상했다. 2012년 10월 86세의 나이로 뉴욕에서 사망했다.

옮긴이 **이지열**

부산에서 출생하여 서울대학교 철학과를 졸업했고 현재 출판사에서 일하고 있다.

세속적 휴머니즘이란 무엇인가?

발행일   2012년 12월 28일 (초판 1쇄)

지은이   폴 커츠
옮긴이   이지열
펴낸이   이지열
펴낸곳   미지북스
         서울시 마포구 상암동 2-120번지 201호 (우편 번호 121-830)
         전화 070-7533-1848   팩스 02-713-1848
         mizibooks@naver.com
         출판 등록 2008년 2월 13일 제313-2008-000029호
책임 편집 권순범
출력   상지출력센터
인쇄 제본 우진제책

ISBN   978-89-94142-26-5 03100
값 6,000원